SOCIÉTÉ CENTRALE DES ARCHITECTES

SOCIÉTÉ DES ARCHITECTES DIPLOMÉS PAR LE GOUVERNEMENT

LA HAUSSE ILLICITE DES LOYERS

(Loi du 23 Octobre 1919)

A Paris, au taux actuel de l'argent, un immeuble doit rapporter à son propriétaire un revenu net minimum de 6 %. Toute hausse des loyers dans ces limites est licite.

CONFÉRENCE

DE

M. ALPHONSE BONPAIX

Docteur en droit, Avocat à la Cour d'appel de Paris.

FAITE A PARIS A LA SALLE DES SOCIÉTÉS SAVANTES LE 24 JANVIER 1920

Cette brochure se trouve en vente aux Sièges de la Société Centrale des Architectes, **8 rue Danton**, Gobelins 23-13 et de la Société des Architectes diplômés par le Gouvernement, **59 rue de Grenelle**, Saxe 53-10, qui l'adresseront sur simple demande contre envoi d'un mandat de 2 fr. 25.

PRIX : 2 FRANCS

SOCIÉTÉ CENTRALE DES ARCHITECTES

SOCIÉTÉ DES ARCHITECTES DIPLOMÉS PAR LE GOUVERNEMENT

LA HAUSSE ILLICITE DES LOYERS

(Loi du 23 Octobre 1919)

A Paris, au taux actuel de l'argent, un immeuble doit rapporter à son propriétaire un revenu net minimum de 6 %. Toute hausse des loyers dans ces limites est licite.

CONFÉRENCE

DE

M. ALPHONSE BONPAIX

Docteur en droit, Avocat à la Cour d'appel de Paris.

FAITE A PARIS A LA SALLE DES SOCIÉTÉS SAVANTES LE 24 JANVIER 1920

Cette brochure se trouve en vente aux Sièges de la Société Centrale des Architectes, **8 rue Danton**, Gobelins 23-13 et de la Société des Architectes diplômés par le Gouvernement, **59 rue de Grenelle**, Saxe 53-10, qui l'adresseront sur simple demande contre envoi d'un mandat de 2 fr. 25.

PRIX 2 FRANCS

LA HAUSSE ILLICITE DES LOYERS

(Loi du 23 Mars 1919)

MESSIEURS,

Vous connaissez le but de cette réunion : un grand danger, à mon avis, menace tous les architectes, qu'ils soient propriétaires ou gérants de propriétés, et ce danger consiste dans l'application erronée d'une loi récente, la loi du 25 octobre 1919, qui a créé un nouveau délit, le délit de hausse illicite sur loyers, et permet de poursuivre de ce chef devant les tribunaux correctionnels tous propriétaires, tous gérants de propriétés et de les faire condamner à des peines pouvant aller jusqu'à un an de prison et à une amende de 10.000 francs.

Et ne croyez pas que ce danger soit imaginaire et que mes craintes soient chimériques, il est réel, immédiat. Déjà plusieurs centaines d'affaires sont à l'instruction et, personnellement, je connais neuf architectes et des plus estimés, qui sont inculpés par le juge d'instruction et m'ont demandé de les défendre. C'est la première charrette; soyez-en convaincus, si vous ne vous défendez pas, ce n'est pas la dernière.

Dans ces conditions j'ai estimé qu'en ma qualité de vieil ami des architectes et de conseil de vos Sociétés il était de mon devoir d'appeler votre attention sur une semblable situation et de la soumettre à votre examen collectif.

A cet effet nous rechercherons successivement, si vous le voulez bien :

1° D'où viennent et sur quelles bases reposent les poursuites actuelles;

2° Comment le Parquet de la Seine les comprend et les exécute;

3° Si elles sont justifiées en fait et en droit;

4° Enfin, s'il n'y a pas lieu pour vos Sociétés de s'en occuper, et de quelle façon?

QUELLE EST L'ORIGINE DE CES POURSUITES?
SUR QUELS TEXTES DE LOI SE FONDENT-ELLES?

Je ne serai contredit par personne en affirmant que si la guerre a été l'occasion des plus beaux actes et des plus beaux sentiments, si elle fut une école incomparable de patriotisme, de courage, de charité, par contre elle a amené chez la plupart de nos concitoyens une fièvre de spéculation, un amour de l'argent, une âpreté au gain comme on en vit rarement à aucune époque. Paysans, ouvriers, commerçants, industriels, tous pour ainsi dire n'ont eu ou n'ont qu'une pensée : vendre au prix maximum ses produits ou son travail, faire sur le prochain les gains les plus excessifs, les bénéfices les plus exagérés. Les difficultés de la vie actuelle en sont sans doute l'excuse, mais n'en sont que l'excuse partielle, la toute petite circonstance atténuante.

Aussi dès 1915 l'opinion publique s'est-elle émue, lorsque, par suite de cet état d'esprit, se produisirent, avec la première raréfaction des denrées indispensables à l'existence (aliments et combustibles), les premières manifestations de la vie chère. Chacun eut l'impression justifiée que si la hausse générale des prix était due en partie et sans contredit à des causes naturelles déterminées par la mobilisation et l'état de guerre, elle tenait aussi et pour la plus large mesure à des causes artificielles, à des manœuvres blâmables, spéculations, ententes, accaparements, réalisation de bénéfices exagérés faussant les cours réels. Et le Gouvernement, devant le mécontentement général, se vit en demeure de sévir et de mettre fin à un état de choses devenu inacceptable et absolument scandaleux.

Le Gouvernement se déclara tout d'abord impuissant, sous prétexte que les lois existantes le laissaient désarmé, (ce qui était exact partiellement, l'article 419 du Code pénal qui punit la spéculation subordonnant sa répression pénale à l'emploi de moyens frauduleux ou à une intention frauduleuse, et cette répression étant en fait impossible, car tout juriste sait que la recherche de pareils moyens ou intentions est le plus souvent irréalisable.

Le Gouvernement demanda donc au Parlement une nouvelle loi qui est devenue **la loi du 10 avril 1916**, et dont le but fut, d'une part, dans les difficiles conjonctures que traversait le pays, d'assurer le ravitaillement de la population, et, d'autre part, d'empêcher si possible l'enrichissement d'individus sans scrupule profitant de la guerre pour le faire d'une manière éhontée.

La loi du 10 avril 1916 a en conséquence donné au Gouvernement trois pouvoirs nouveaux :

Elle lui permet de ramener par la taxation à un taux normal les bénéfices exagérés.

Elle lui donne la possibilité de remédier, soit par voie de réquisition, soit par des achats à l'amiable, aux dissimulations de marchandises ou aux insuffisances dans les approvisionnements des communes.

Enfin, en vue de réprimer les spéculations ayant pour but de fausser les cours des denrées et substances qu'elle a en vue, elle crée dans son article 10 un délit nouveau, le délit de hausse du prix des denrées ou marchandises au-dessus des prix normaux dans un but de spéculation illicite, délit qui, aux termes de l'article 10, peut être réprimé même sans qu'il y ait eu emploi de moyens frauduleux.

La spéculation illicite est ainsi définie par l'article en question : « celle qui n'est pas justifiée par les besoins des approvisionnements des commerçants ou les légitimes prévisions industrielles ou commerciales et qui a eu pour effet d'opérer ou de tenter d'opérer la hausse du prix des denrées ou marchandises au-dessus des cours qu'aurait déterminés la concurrence naturelle et libre du commerce ».

La loi de 1916 n'a pas porté les fruits qu'on en attendait, la spéculation n'a jamais été plus grande que depuis cette époque et le prix de la vie n'a pas été, hélas ! abaissé par les mesures qu'elle avait prévues.

Aussi le Gouvernement a-t-il été contraint de demander au Parlement un nouveau texte, et de là est née **la loi du 23 octobre 1919** qui contient les innovations suivantes :

Elle proroge pour trois ans les dispositions de la loi du 20 avril 1916 :

Elle aggrave ses pénalités, prescrit notamment les mesures de publicité relatives aux jugements de condamnation et prévoit à la rigueur la fermeture des magasins des condamnés;

Elle étend son application surtout, et c'est ce qui nous intéresse aujourd'hui, à la propriété bâtie.

Son article 6 est ainsi conçu :

« **Pendant l'application de la présente loi** (trois ans, jusqu'au 23 octobre 1922 par conséquent), **seront punis des peines portées en l'article 419 du Code pénal ceux qui, dans un but de spéculation illicite, soit individuellement, soit collectivement, auront provoqué ou tenté de provoquer la hausse du prix des baux à loyer au delà des taux que représentent l'augmentation des charges de la propriété bâtie et la concurrence naturelle et libre du commerce.** »

Rappelons pour ceux d'entre vous qui l'ignoreraient que les peines de l'article 419 du Code pénal sont :

Un mois d'emprisonnement, un an au plus;

Une amende de 500 à 10.000 francs;

Les coupables pourront de plus être mis par l'arrêt ou le jugement sous la surveillance de la haute police pendant deux ans au moins et cinq ans au plus.

Heureusement pour vous, l'article 8 de la loi du 23 octobre porte que l'article 463 du Code pénal est applicable aux délits prévus par la présente loi, ce qui signifie que les juges pourront vous accorder des circonstances atténuantes qui réduiront les peines édictées par la loi au besoin à une amende minime; de même est applicable la loi de sursis.

Est-il nécessaire d'ajouter que l'article 6 de la loi du 23 octobre 1919 n'a pas été malheureusement proposé par le Gouvernement et votée par les Chambres sans de sérieuses raisons, que vous avez vu, que nous voyons tous les jours des hausses de loyer scandaleuses, des congés et des demandes d'expulsion révoltants? Beaucoup de propriétaires sont atteints actuellement et à leur tour de la même âpreté au gain que celle qui atteint toutes les classes de la population. Certes, ils sont moins coupables que les autres, ayant été traités de la façon que l'on sait par les moratoriums et par la loi du 9 mars 1918 et se voyant encore condamnés, la guerre finie, par des prorogations inexplicables le plus souvent de deux ans et de cinq ans et demi, à des pertes énormes et tout à fait injustes. Il était donc humain qu'ils cherchassent à se rattraper, mais beaucoup ont vraiment dépassé la mesure : de là, la loi du 23 octobre 1919 dont il faut reconnaître loyalement que le principe est juste, vu les circonstances, mais qui peut devenir une loi inique suivant la façon dont on l'appliquera.

II

COMMENT APPLIQUE-T-ON LA LOI DU 23 OCTOBRE 1919 ? COMMENT LES POURSUITES ACTUELLEMENT INTENTÉES CONTRE LES PROPRIÉTAIRES ET LES GÉRANTS DE PROPRIÉTÉS SONT-ELLES ENGAGÉES ET CONDUITES ?

C'est ce que je voudrais maintenant vous exposer, et ce qui est particulièrement intéressant.

D'une façon générale, le Parquet de la Seine ne poursuit pas de son chef, il ne poursuit que sur dénonciations ou plaintes de tiers, lesquelles se produisent de la façon suivante : Ce sont des locataires qui ont reçu congé et qui pour ne point partir cherchent à paralyser par une plainte en hausse illicite la demande d'expulsion, cette dernière n'étant jamais accueillie jusqu'au jugé de la plainte, en vertu de cet axiome de droit : Le criminel tient le civil en état. Elles émanent également très souvent de gens qui auraient voulu devenir locataires et qui se sont vu préférer un concurrent plus heureux, et dépités déposent une plainte. Elles sont faites très souvent aussi par des locataires qui, n'ayant pas payé leurs loyers durant la guerre, ont été condamnés par la Commission arbitrale à une somme plus forte qu'ils n'y comptaient et se vengent ainsi de leur propriétaire en apprenant la hausse d'un local vacant. J'ai vu enfin des plaintes déposées, c'est le comble, par des locataires qui avaient accepté l'augmentation, entendaient demeurer locataires et déposaient nonobstant une plainte afin d'obtenir de cette façon une réduction de prix qu'ils n'avaient pu obtenir à l'amiable. Quelle que soit leur raison d'agir, les plaignants, à quelques exceptions près, jouent, il n'y a pas à se dissimuler, un rôle malpropre et indigne d'honnêtes gens.

Mais peu importe, la plainte est déposée, on suit toujours sur elle en ce sens que le propriétaire ou son gérant sont appelés immédiatement devant le commissaire de police qui les admoneste sévèrement et leur enjoint de baisser leur prix, sous peine d'être renvoyés devant un juge d'instruction. Et alors, de deux choses l'une : ou l'on a peur et l'on cède, l'affaire n'a pas de suites; ou l'on résiste et on voit alors ce qu'il en coûte de résister à l'autorité publique.

Les intéressés sont en effet convoqués au Palais de Justice, au cabinet d'un juge d'instruction, qui, après leur avoir demandé leur identité détaillée comme à un vulgaire malfaiteur (il n'y a pas lieu de s'en étonner, c'est ce qui se produit en toute instruction), les informe qu'ils sont inculpés de hausse illicite sur les loyers. « Vous aviez, leur dit-il, un appartement à louer de 3.000 francs, vous l'avez mis à 5.000 francs. Qu'avez-vous à répondre?

— Mais rien du tout, dit le prévenu. Si j'ai demandé 5.000 francs, c'est que j'estimais que c'était le prix de mon local.

— Comment son prix? 60 °/₀ de hausse, c'est inouï, monsieur. Apprenez que vous êtes propriétaire pour loger vos concitoyens à des prix abordables et que si vous les dépassez comme vous l'avez fait, votre conduite est inacceptable; je vous le répète, inacceptable. »

Sur le moment le propriétaire reste abasourdi; mais, reprenant bien vite ses esprits, il riposte : « inacceptable, je voudrais savoir en quoi, monsieur le juge. Dix personnes étaient prêtes à me prendre mon appartement à ce prix et l'auraient même pris à un chiffre supérieur, si j'y avais consenti. Auriez-vous voulu que je le donne à un prix inférieur?

— Oui, monsieur, vous devez résister aux tentations malhonnêtes. A notre époque on doit être parfois un surhomme. Les gens qui acceptent vos prix et à plus forte raison ceux qui font des suroffres mériteraient d'être inculpés comme vous. »

Et comme le prévenu demeure de plus en plus interloqué : « Mais en quoi, demande-t-il enfin au juge, en quoi consiste donc la hausse illicite qu'on me reproche. — Elle consiste à avoir loué votre appartement plus de 30 °/₀ de sa valeur antérieure. Je n'admets pas, vous entendez, qu'un propriétaire parisien hausse en principe le prix de ses loyers de plus de 30 °/₀. »

Telle est, Messieurs, la scène qui se reproduit huit ou dix fois par jour dans le cabinet de M. le juge d'intruction et que ceux de vos confrères qui en ont été les acteurs involontaires pourront vous certifier strictement exacte.

J'ajoute, pour compléter ces renseignements, quelques détails pittoresques.

Un de mes clients, architecte, avait été convoqué chez le juge pour un jour déterminé; il était ce jour-là dans les pays dévastés et ne trouve sa lettre de convocation qu'à son retour, quelques jours après. Il court aussitôt s'excuser chez le juge qui lui dit textuellement ceci : « Vous arrivez à temps, monsieur; si vous n'étiez venu, je vous adressais un mandat d'amener. » C'est charmant, vous comprenez l'émoi et l'indignation de votre confrère, l'un des plus estimés de votre corporation.

De même, une autre fois, un de vos confrères comparaissait devant le même juge, dans les conditions suivantes : Propriétaire d'un immeuble, il avait loué en 1917 à un prix extrêmement bas, vu les circonstances de l'époque, 3,700 francs, un appartement. La guerre terminée, il fait part à sa locataire, une dame, qu'il portera le prix de son loyer à 7.000 francs. La dame accepte et dit à l'architecte de lui envoyer, en conséquence, le bail à signer, ne pouvant sortir à ce moment. L'architecte envoie donc son commis qui remet à la dame le bail pour le signer; celle-ci le prend et, s'adressant alors au commis abasourdi : « Faites part à votre maître que je ne signe pas le bail, mais que je le garde et que je vais le remettre au procureur de la République qui lui apprendra à voler ainsi les gens. » L'employé n'osa sauter sur la dame, ce qu'il aurait dû faire, et revint tout penaud raconter l'aventure à son patron.

Or l'architecte en question, inculpé à la suite de ce chantage pour hausse illicite sur les loyers, ne put s'empêcher, indigné, de demander au juge ce qu'il pensait d'un pareil procédé : « Évidemment, dit le juge, ce n'est pas élégant, mais, que voulez-vous? on se défend comme on peut. »

Je pourrais multiplier les anecdotes, c'est inutile, ce que je vous ait dit suffit à vous montrer dans quel esprit et de quelle façon le Parquet de la Seine interprète et applique la loi du 23 octobre 1919.

Et notez que jusqu'ici aucune affaire de hausse illicite sur les loyers n'est encore venue à l'audience; mais d'ici quinze jours aura lieu la première fournée et nous savons, par l'expérience que nous avons de la 10e chambre correctionnelle où sont appelées et jugées toutes les affaires de hausse illicite commerciale, que l'on sera terrible pour les malheureux qui y comparaîtront. A la présidence de cette chambre se trouve un magistrat des plus honorables, dont la bonne foi est entière, mais qui voit partout la fraude, comme certains médecins voient partout des fous, et qui avec cet état d'esprit est impitoyable. C'est ce même magistrat qui, au début de cette semaine, ayant à juger les premières affaires de défaut d'affichage de locaux à louer, a condamné tous les délinquants sans exception, et quelles que fussent leurs explications, à 1.000 francs d'amende!

Deux renseignements intéressants : Le Parquet poursuit le gérant de propriété seul s'il a une procuration générale; à défaut de procuration, il le poursuit avec le propriétaire;

Depuis quelque temps, dans la plupart des affaires, le juge d'instruction commet un expert chargé d'établir le montant exact des charges de l'immeuble et sa valeur vénale. Je ne sais ce que donneront ces expertises et ce qu'il adviendra de leurs constats, mais le fait est important, car il me paraît difficile qu'il n'en soit pas tenu compte. Il serait incroyable s'il était prouvé que l'augmentation des charges est de 40 °/₀, que l'on n'accordât le droit de hausse que pour 30 °/₀, — mais tout est possible avec l'état d'esprit actuel du Parquet [1].

1. Tout est bien qui finit bien. Au moment de donner le bon à tirer de cette conférence, nous avons la vive satisfaction d'apprendre que le Parquet, renonçant à ses errements primitifs, abandonne tout chiffre fixe et uniforme comme base de poursuites et estime que désormais, comme nous le soutenons, tout est question d'espèce. Nous l'en félicitons bien sincèrement, nous n'avons pas douté un seul instant que si la bonne foi des magistrats éminents qui le composent avait été surprise, ils seraient les premiers à s'incliner devant des explications précises et loyales, — mais ces compliments donnés en toute sincérité, il sera maintenant intéressant de voir comment les tribunaux statueront sur les poursuites en cours ou futures et les applications qu'ils feront du principe posé. Tout est là. Les observations qui vont suivre conservent donc leur entière valeur et c'est à leur consécration judiciaire que doivent tendre les efforts de tous les propriétaires.

III

Vous connaissez maintenant comment se présentent les poursuites intentées contre vous pour hausse illicite sur les loyers, dans quelles conditions et dans quel esprit elles sont intentées, sur quel texte de loi elles s'appuient.

Il me reste à en apprécier LA LÉGALITÉ et à examiner avec vous si, en droit, elles sont justifiées.

Je ne le crois pas. *A mon avis, le parquet de la Seine, en poursuivant les propriétaires toutes les fois qu'il y a hausse de plus de 30 °/₀, viole ouvertement la loi.*

D'après la loi du 23 octobre 1919, en effet, il n'y a délit qu'à deux conditions :

Je lis son texte :

1° *Que la hausse du prix des loyers dépasse le taux que représente l'augmentation des charges*[1] *de la propriété bâtie*;

2° *Que cette hausse dépasse le taux que représente la concurrence naturelle et libre du commerce.*

Tel est le texte, et comme, ne l'oublions pas, nous sommes en matière de droit pénal, c'est un texte qui doit être appliqué *stricto sensu*, à la lettre.

Or le Parquet de la Seine ne tient aucun compte de ce texte. Il se conforme à peu près à sa première condition, il écarte de parti pris et tout à fait illégalement la seconde.

Il se conforme à la première condition. Ce n'est même pas exact, car quelle est l'augmentation des charges de la propriété immobilière parisienne depuis le 1er août 1914?

Elle varie chaque jour et elle varie pour chaque immeuble.

Les charges varient pour chaque immeuble. Est-ce à vous qu'il

1. Par charges, il faut entendre, conformément à l'article du décret du 17 janvier 1917 relatif à l'établissement de l'impôt général sur le revenu, « les impôts, les frais de gestion, d'assurances, d'entretien et l'amortissement du capital immobilier ».

faut apprendre qu'elles ne sont pas les mêmes pour un immeuble neuf et de grand luxe, pour un immeuble ancien avec ou sans confort moderne, pour un immeuble ouvrier? Et si les calculs auxquels j'ai procédé sont exacts, et j'ai tout lieu de croire qu'ils le sont, je me permets d'affirmer que l'augmentation des charges depuis 1914, et par charges je les entends toutes, bien entendu, impôts, réparations, amortissement, varie entre 300 et 500 °/₀ des charges anciennes, ce qui représente 25 à 60 °/₀ du revenu brut de l'immeuble [1].

Les charges ne varient pas seulement avec chaque immeuble, elles varient chaque année, chaque mois, pour le même immeuble, avec les variations constantes du prix de l'eau, du gaz, de l'électricité, du charbon, des réparations, des impôts. Ne nous annonce-t-on pas de ce dernier chef une augmentation de 50 °/₀ pour cette année, de 100 °/₀ pour certaines taxes municipales, pour l'eau, l'électricité?

Dans ces conditions, lorsque le parquet de la Seine fixe au chiffre définitif et uniforme de 30 °/₀ le droit d'augmenter le prix des loyers, il commet une erreur manifeste; son chiffre de 30 °/₀ ne répond à rien dans la réalité. La vérité c'est qu'il *ne peut être indiqué de chiffre fixe. Tout est question d'espèce* et il est inexact dès lors et injuste de poser, comme il le fait, la règle absolue d'un taux invariable d'augmentation de loyers.

Mais acceptons même pour un instant le chiffre de 30 °/₀, admettons donc que le parquet de la Seine se conforme à la première condition indiquée par la loi du 23 octobre 1919, ce qui n'est pas. *Que fait-il de la seconde : « le droit pour le propriétaire d'augmenter ses prix, pourvu qu'il ne dépasse pas le taux que représente la concurrence naturelle et libre du commerce »? C'est bien simple, il n'en a cure, il ne veut pas s'en occuper, et c'est là ce qui est inacceptable, car la loi est la loi et on ne peut pas ne pas en tenir compte.*

Je l'avoue, la formule de la loi est vague et imprécise. Qu'est-ce que la concurrence naturelle et libre du commerce?

Est-ce la loi de l'offre et de la demande, ainsi qu'on l'a prétendu? — C'était avant la loi de 1916 l'avis unanime de la doctrine et de la jurisprudence. Mais cette interprétation est-elle admissible maintenant? En toute sincérité je ne le crois pas, elle serait par trop contraire à l'esprit de la loi. Le législateur a voulu assurer le ravi-

1. Voir les états justificatifs à la fin de la conférence.

taillement et le logement de la population en empêchant la hausse exagérée du prix des loyers, et pour cela en condamnant les bénéfices excessifs. Ce but serait complètement méconnu si les prix étaient fixés uniquement par la loi de l'offre et de la demande, car, à notre époque où le logement comme le reste est en quantité insuffisante, où tout trouve amateur à n'importe quel prix, un propriétaire pourrait toujours prétendre et avec raison qu'il s'est conformé à la loi de l'offre et de la demande puisque son prix a été accepté, et qu'il ne tombe pas par suite sous le coup de la loi qui, en fait, ne s'appliquerait jamais. — L'interprétation en question doit donc être écartée.

Mais alors qu'a voulu dire le législateur? Il y a un texte, je le répète, on ne peut pas l'escamoter, comme prétend le faire le Parquet de la Seine, il faut lui donner un sens.

Il n'y a qu'un moyen, c'est de le demander aux auteurs de la loi, à ceux qui ont participé à son élaboration. Lors des discussions à la Chambre des députés et au Sénat, des explications ont-elles été données? Oui. Lesquelles?

En 1916, à la Chambre des députés, lors de la discussion de la première loi sur la hausse illicite (et la loi de 1919, je vous l'ai dit, n'a fait que répéter la même formule que la loi de 1916 en l'étendant aux immeubles), M. Ignace, rapporteur, déclarait : « La loi atteint exclusivement *le spéculateur qui sort des règles ordinaires du commerce loyal et marchand*, qui les transgresse et franchit les limites qui séparent le commerce loyal de la spéculation malhonnête. » (Chambre des députés. Séance du 2 décembre 1915, *J. Off.*, 3 décembre, p. 1914.)

Au Sénat, à une demande de M. Milliès-Lacroix : « En quoi consiste la spéculation illicite? Par quoi se manifeste son caractère? » M. Maurice Colin répondait au nom de la Commission : « *La spéculation illicite résultera le plus souvent du simple écart des prix. On n'aura qu'à comparer le prix demandé avec le prix de revient* (retenez cette phrase) et à rechercher le prix qui résulterait de la concurrence naturelle et libre du commerce. » (Sénat, Séance du 6 avril 1916, *J. Off.*, 7 avril, p. 245.)

Reconnaissons que ces réponses ne sont pas d'une netteté absolue, mais en 1919 les explications fournies au Sénat furent beaucoup plus précises. Le garde des Sceaux, M. Nail, dit textuellement à la séance du 26 septembre (*J. Off.*, 27 septembre) : « Il y a spéculation illicite lorsque le commerçant a vendu à un *taux qui dépasse les prévisions légitimes du commerce et de l'industrie.* (Retenez cette phrase.) Par prévisions, il faut entendre ce qui a trait au prix de revient, à l'amortissement de l'outillage et des frais d'installation, au remboursement des frais généraux de toute nature. Je n'ai pas besoin, je crois, de les définir autrement. »

Et à la même séance M. Chéron, rapporteur de la loi, déclarait :

« Ce ne sera pas le propriétaire *honnête* qui sera poursuivi, ce sera celui qui, dans une intention coupable, dans une intention de lucre inadmissible, *dépassant le prix normal de la loi de l'offre et de la demande* (retenez encore cette phrase), aura tenté de provoquer la hausse du prix de l'habitation. »

Cette fois, la lanterne s'éclaire et nous commençons à voir clair. Permettez-moi de vous lire encore, pour compléter ces explications, les considérants très importants d'un arrêt de la Chambre criminelle de la Cour de cassation du 21 juin 1918, lequel a fixé la jurisprudence en la matière :

« La Cour : Attendu que l'article 10 de la loi du 20 avril 1916 doit être interprété en ce sens qu'il punit des peines portées à l'article 419 du Code pénal ceux qui, dans un but de spéculation, ont opéré ou tenté d'opérer la hausse... au-dessus des cours qu'aurait déterminés la concurrence naturelle et libre du commerce, soit par des approvisionnements non justifiés soit par des opérations ne rentrant pas *dans l'exercice normal et régulier d'une profession industrielle ou commerciale...* » (A retenir encore cette dernière phrase.)

Eh bien, messieurs, ramassons en un faisceau toutes ces déclarations qui, sont après tout le meilleur commentaire de la loi, puisqu'elles ont été données par ses auteurs :

Il n'y a pas hausse illicite si l'on ne sort pas des règles ordinaires du commerce loyal et marchand (Ignace).

Pour savoir s'il y a hausse illicite il suffit de comparer le prix demandé avec le prix de revient (Colin).

Celui qui ne dépasse pas les prévisions légitimes du commerce ne peut être poursuivi (Nail).

Celui qui ne loue pas à un taux dépassant le prix normal de la loi de l'offre et de la demande est un propriétaire honnête qui ne peut être inculpé (Chéron).

Le commerçant, enfin, a le droit de demander le bénéfice qui rentre dans l'exercice normal et régulier de sa profession (Cour de cassation).

Qu'en faut-il conclure ?

C'est, 1°, que le propriétaire a le droit indiscutable de demander à ses locataires une augmentation de loyer correspondant à l'augmentation de ses charges.

Si donc les charges nouvelles depuis 1914 absorbent 25, 30 ou 40 °/₀ du revenu brut, il a droit de demander une hausse de loyer correspondante.

Aucune discussion n'est possible sur ce point.

C'est, 2°, que le prix des loyers doit être fixé d'après la concurrence naturelle et libre du commerce ; c'est-à-dire que le propriétaire a droit au bénéfice normal que comporte, suivant l'expression de la Cour de cassation, l'exercice normal et régulier de la profession de propriétaire, ou, suivant les déclarations du garde des Sceaux, au revenu que tout propriétaire honnête est en droit, à l'heure actuelle, de retirer de l'exploitation de son capital et qu'il avait légitimement le droit de prévoir.

La règle ainsi bien établie en droit, appliquons-la en fait.

Quel était avant la guerre le revenu qu'un propriétaire parisien, honnête, devait espérer, était en droit de demander à son immeuble ; autrement dit, *quel était en 1914 le revenu moyen des immeubles à Paris?* — 5 °/₀.

Nous sommes tous d'accord. Et nous sommes d'accord également que ce revenu de 5 °/₀ était supérieur de 1 1/2 °/₀ à celui de la Rente française, lequel était de 3 1/2 °/₀.

Pourquoi cette différence ? Vous le savez.

C'est que la Rente présente sur le revenu immobilier deux avantages considérables :

Elle est réalisable du jour au lendemain : vous la vendez ce soir, vous en touchez le prix demain.

Elle ne vous donne aucun souci de gestion. Tous les trois mois on encaisse ses coupons, il n'en résulte ni peine ni préoccupations.

Il en est tout différemment du revenu immobilier.

Il n'est pas toujours facile de vendre un immeuble, et même, l'immeuble vendu, il faut, à cause des formalités de toute sorte, attendre souvent de longs mois pour en toucher le prix. Quant à la gestion d'un immeuble, est-il besoin d'en indiquer ici les ennuis et les préoccupations ?

Les immeubles donnent donc, ont toujours donné, donneront toujours, pour ces motifs bien connus et indiscutés, un revenu supérieur à la Rente, et c'est justice.

Or, aujourd'hui, que donne la Rente? Vous l'avez lu sur toutes les affiches des emprunts : 5,65 °/₀. La propriété immobilière, je présume, ne peut donner moins; mais, pour les raisons que je vous indiquais, elle doit donner davantage, et il n'y a aucune bonne raison, semble-t-il, pour que l'écart de 1 1/2 qui existait avant la guerre n'existe plus aujourd'hui.

Un immeuble parisien doit donc actuellement rapporter 5,65 *plus* 1,50, *soit* 7,15 °/₀, *mettons en chiffre rond* 7 °/₀.

C'est au surplus la réalité. Demandez-le à un notaire, à un avoué, à un agent de propriété; sauf certains immeubles exceptionnels, achetés en vue d'installations commerciales ou industrielles, nul n'acquiert un immeuble à l'heure actuelle s'il ne lui rapporte 7 °/₀ au moins. Le Crédit foncier et le Sous-Comptoir des Entrepreneurs ne prêtent qu'à 7 °/₀, c'est une indication probante.

S'il en est ainsi, le propriétaire qui, actuellement entendant tirer de son capital immobilier un revenu de 7 °/₀, augmente le prix de ses loyers de façon à obtenir ce chiffre de revenu, est de toute évidence un propriétaire honnête qui ne fait pas de spéculation illicite, mais qui, suivant les termes de la loi du 23 octobre 1919, demande le prix que détermine la concurrence naturelle et libre du commerce et agit conformément aux prévisions qui doivent guider tout propriétaire légitimement soucieux de ses intérêts.

J'en conclus que les poursuites intentées par le Parquet de la Seine avec prétention de limiter la hausse des loyers au chiffre fixe et uniforme de 30 °/₀ sont absolument contraires au texte de la loi comme à son esprit, qu'elles sont dès lors absolument illégales.

Et comme il n'est rien de tel comme un *exemple* pour bien fixer les idées, j'en prends un aussi simple que possible, et à mon sens lumineux :

J'ai acheté en 1914, je suppose, un immeuble de 525.000 francs.

L'immeuble comprend cinq étages (un appartement par étage) et deux boutiques, en tout sept locaux, loués chacun 5.000 francs, soit un revenu brut de sept fois 5.000 francs, ou 35.000 francs.

Les charges étaient de 25 °/₀, soit 8.750 francs.

Il me restait donc un revenu net de 26.250 francs m'assurant un rapport net de 5 °/₀.

Que doit me rapporter aujourd'hui cet immeuble, et par suite quelle hausse puis-je faire subir à mes locataires?

J'ai le droit incontestable tout d'abord de demander à mes locataires l'augmentation exacte des charges de la propriété. Admettons par exemple qu'elle soit de 25 °/₀ du revenu brut, c'est en l'espèce 8.750 francs.

J'ai le droit, d'autre part, comme je viens de l'établir, de retirer de mon immeuble, au cours actuel de capitalisation immobilière à Paris, un revenu net de 7 °/₀, soit 2 °/₀ de plus qu'en 1914. A 5 °/₀, l'immeuble me rapportait net 26.250 francs, à 7 °/₀ il doit rapporter 36.750 francs.

C'est donc un supplément de 10.500 francs.

Additionnons : 8.750 + 10.500 = 19.250 francs.

J'ai donc droit à une hausse globale de cette somme, et comme j'ai sept locataires de loyer égal par hypothèse, je divise 19.250 par sept, c'est 2.750 francs par locataire, hausse maximum que je puis leur imposer, soit 52 °/₀ de leur loyer actuel.

Dans mon espèce, il n'y aurait donc hausse illicite à mon avis, que si le propriétaire prétendait à une hausse supérieure à 52 °/₀.

Ce n'est, messieurs, qu'un exemple; faites le calcul pour chaque immeuble, vous arriverez peut-être à un chiffre supérieur, peut-être à un chiffre inférieur. Peu importe, c'est sur ces bases précises, solides, à la fois strictement conformes à la loi, à la réalité des faits et à l'équité, qu'il faut se placer pour résister aux poursuites le plus souvent injustifiées du Parquet de la Seine.

Messieurs, vous connaissez maintenant ma manière de voir; mais je n'ai pas la prétention qu'elle rallie tous les suffrages et qu'elle ne soulève pas d'*objections*.

Elle en a soulevé déjà, elle en soulèvera. Permettez-moi de répondre à celles que je connais.

A. On m'a fait observer, en premier lieu, que fixer le revenu net immobilier actuel à 7 °/₀, c'était risquer d'indisposer l'opinion publique. Ignorez-vous, m'a-t-on dit, que les meilleures obligations industrielles émises en ce moment l'ont été et le sont au taux uniforme maximum de 6 °/₀? On comprendra difficilement que les propriétaires parisiens puissent prétendre à un taux supérieur.

Dût-on m'en blâmer, je l'avoue très franchement, j'estime n'avoir à indisposer ni à flatter l'opinion publique. Le public ne peut s'insurger contre un fait indépendant de la volonté de tous, il ne peut faire que 2 et 2 ne fassent pas 4. On lui doit la vérité, rien de plus, et si le taux du revenu de la propriété immobilière parisienne doit équitablement être fixé à 7 %, il faut le proclamer sans ambages.

J'admettrai cependant très volontiers, à raison des événements actuels, que les propriétaires, dans un intérêt général, pour ramener la pacification des esprits et aussi pour atténuer ou même faire disparaître la tension si fâcheuse qui existe entre eux et les locataires, consentent un sacrifice provisoire et acceptent le chiffre de 6 % comme taux de revenu net. Je leur conseille même de le faire. Mais il faut qu'il soit bien entendu que ce chiffre de 6 % ne répond pas à la réalité des choses, que nous l'acceptons dans un esprit de sacrifice, que ce sacrifice n'est que momentané, et que, la crise actuelle terminée, le taux du revenu de la propriété immobilière parisienne se fixera, comme il l'a toujours été, par la seule loi de l'offre et de la demande.

B. Une seconde objection m'a été faite : Certains propriétaires qui n'ont pas le droit d'augmenter tous leurs locataires, parce que ceux-ci ont la prorogation prévue par l'article 56 de la loi du 9 mars 1918, vont se servir de vos calculs pour faire subir à un seul locataire, le locataire sans prorogation, sinon toute la hausse de revenu, du moins la plus grande partie de la hausse qu'ils auraient voulu retirer de leur immeuble et qu'ils auraient le droit de retirer de leur immeuble entier.

L'objection est sans portée. Sans doute, cette manière de procéder de certains propriétaires est à envisager, mais je les en blâme par avance, et, s'ils sont poursuivis et condamnés, ils n'auront que ce qu'ils mériteront, car, dans ma pensée il est bien entendu, conformément à toute justice, que si le propriétaire a droit à une hausse globale de revenu brut de 30 %, cette hausse ne pourra être que de 30 % du loyer actuel du seul locataire pouvant être augmenté et qu'elle ne devra pas être de 80, 100 % ou plus sous prétexte que les autres locataires demeureront provisoirement au même prix.

C. On m'a encore objecté, et ce fut la plus fréquente des objections qui m'ont été faites : Vos calculs paraissent exacts, votre manière de fixer le chiffre de hausse auquel a droit le propriétaire, semble ingénieuse et équitable, mais elle a un grand défaut pratique, c'est d'obliger les propriétaires ou leurs gérants à un travail délicat et difficile; c'est, d'autre part, de ne point indiquer aux locataires un tant pour cent facile à retenir. — Pourquoi ne pas admettre un chiffre moyen uniforme qui dispense de tout calcul et fixe le chiffre d'augmentation légitime? Qu'il soit admis par exemple, qu'on ne peut augmenter de plus de 40 °/₀. Voyez comme c'est simple pour tout le monde, propriétaires, locataires, magistrats!

C'est, en effet, très simple, mais c'est trop simple, car cette simplicité conduirait souvent, comme je l'ai démontré, aux plus grandes injustices. Autant d'immeubles, autant d'espèces, autant de cas particuliers à examiner, ne l'oubliez jamais.

En tout cas, si les propriétaires ou les gérants trouvent notre façon de procéder trop fatigante, libre à eux, qu'ils s'en tiennent au chiffre qui leur plaira, mais, quant à moi, je me refuse obstinément à accepter cette manière de procéder, parce que l'admettre, sous prétexte de paresse ou de prétendue simplicité, ce serait commettre la plus grande faute que les propriétaires puissent commettre, ce serait instaurer bénévolement, et sans y être contraint par la loi, le régime de la taxation des loyers, c'est dire le régime que nous devons le plus redouter et combattre, parce qu'il serait le régime de la mainmise de l'État sur nos propriétés, leur confiscation sournoise et indirecte, la suppression de toute liberté, parce qu'une fois le principe admis par les intéressés, l'État ne nous laisserait plus longtemps le droit de faire nous-mêmes la taxation, il la ferait lui-même, et il est bien certain que la taxation entreprise par les pouvoirs publics le sera fatalement dans un esprit démagogique et au mépris de toute justice. Souvenez-vous toujours de certaines dispositions de la loi du 9 mars 1918!

Nous en avons eu d'ailleurs ces jours-ci un avant-goût. La question de la hausse des loyers fut examinée au Conseil municipal; avec quelle légèreté, quelle incompétence, le compte rendu de la séance vous le montrera. Le Conseil émit à l'unanimité moins deux voix le vœu que les pouvoirs publics ne permissent plus d'augmenter les loyers de plus de 25 °/₀! Pourquoi 25 °/₀? Pourquoi pas 10, 15 ou 50? Nul ne le saura jamais, c'est l'arbitraire pur et simple. Les nouveaux élus éprouvaient le besoin d'adresser à leurs électeurs un remerciement, ils ont pensé que les propriétaires devaient en faire les frais.

D. Quatrième objection : La prétention des propriétaires d'obtenir aujourd'hui un revenu de 6 °/₀, sous prétexte que la valeur de l'argent n'est plus la même qu'en 1914, va paraître à beaucoup de gens exagérée. Trouveriez-vous naturel que les rentiers, les obligataires d'avant-guerre demandent pour la même raison à leurs créanciers, État, Crédit foncier, Compagnies de chemins de fer, un supplément d'intérêt. Ces rentiers cependant sont aussi intéressants que les propriétaires?

L'objection est très habile et fait effet au premier moment, c'est ce que j'appellerai un argument de réunion publique, mais, à l'examen, elle m'apparaît dénuée de toute valeur réelle.

Non, je ne trouverais pas naturel que le rentier d'avant-guerre demandât à son emprunteur un supplément d'intérêt. Pourquoi? Parce que ce rentier a fait avec son cocontractant un contrat d'une durée déterminée et que tant que ce contrat n'est pas arrivé à son terme les conditions ne peuvent pas en être modifiées, sauf force majeure.

De même je trouverais inadmissible que le propriétaire demandât au locataire avec qui il est lié par un bail une augmentation quelconque de prix. Tant que le bail est en cours, il doit se contenter du prix stipulé, la convention fait la loi des parties.

Mais, lorsque le terme du contrat est arrivé (amortissement, remboursement par tirage au sort pour le rentier, fin de bail pour le locataire), tout change, chacun reprend sa liberté d'action. Le rentier est libre alors de poser ses conditions, et il ne s'en prive pas. La preuve en est que l'État, les Compagnies ne trouvent pas actuellement prêteurs à moins de 5,50 à 6 °/₀ ou même davantage. Il en sera de même du propriétaire : celui qui voudra lui emprunter ses locaux devra les payer au cours du jour, au taux actuel de l'argent, c'est bien naturel, à moins que l'on ne verse dans le socialisme intégral et qu'on soutienne, comme je l'ai entendu soutenir, que le logement étant indispensable à la vie doit être taxé par l'État même au-dessous de sa valeur réelle dans l'intérêt général, mais si le logement est indispensable à la vie, il ne l'est pas plus que la nourriture, l'habillement, le chauffage, l'éclairage, les soins médicaux, etc., etc... Tout cela cependant a doublé, triplé, quadruplé depuis la guerre et on le trouve naturel. Pourquoi n'en serait-il pas de même du logement?

En vérité la propriété immobilière est une propriété comme les autres, comme la propriété mobilière, comme le capital humain, elle ne peut former dans l'ensemble des capitaux d'un pays un poids mort frappé d'interdit. Son revenu ne peut rester au taux de 1914, pas plus que les autres revenus.

E. Jusqu'ici je vous ai exposé les objections qui m'étaient faites par ceux qui trouvaient exagérée la fixation à 7 °/₀ du chiffre du revenu net de la propriété immobilière à Paris, mais d'autres propriétaires m'ont objecté et non sans raison, qu'il y avait lieu d'apporter à ma règle générale, quel que soit le chiffre adopté, un correctif en ce qui concerne *les locaux commerciaux et industriels.*

« Serait-il juste, m'ont-ils dit, est-il admissible que sous prétexte de ne pas dépasser 6 ou 7 °/₀, la hausse du prix de ces locaux soit limitée? Ainsi prenons un exemple : un quartier se transforme complètement; par suite des convenances commerciales ou industrielles des intéressés le prix des boutiques double, triple. Aux environs de mon immeuble les boutiques, exactement semblables à la mienne qui jusque-là n'était louée que 4.000 francs, se louent 10.000, 20.000, le fait est courant. Ne dois-je hausser son prix que de 50 °/₀ comme dans votre exemple?

« La règle générale établie par vous ne doit-elle pas subir exception en pareil cas de par les prescriptions mêmes du texte de la loi du 23 octobre 1919? La concurrence naturelle et libre du commerce dont parle le texte ne fixe-t-elle pas le prix des locaux commerciaux dans un quartier? dès lors si elle le fixe, comment peut-il être question de hausse illicite?

« Au surplus, malgré la généralité des termes de la loi, ce qu'a voulu éviter le législateur, c'est la hausse excessive des loyers d'habitation et non celle des locaux commerciaux, personne n'étant jamais obligé d'ouvrir boutique, tandis que chacun est obligé de se loger.

« Le texte comme l'esprit de la loi apportent donc dérogation certaine à votre règle. »

L'objection est très forte et je ne vois pas ce qu'on y pourrait répondre, mais l'exception ne fait que confirmer la règle. Évitons soigneusement qu'on nous reproche de chercher à tourner la loi. Restons sur le terrain solide, inébranlable, sur lequel je me suis placé. **Demandons en règle générale à nos immeubles en tout et pour tout, sauf cas exceptionnels, un revenu net de 6 °/₀.**

CONCLUSIONS

J'ai terminé, Messieurs, les observations que j'avais à vous présenter, je conclus.

Et pour cela je m'adresserai à chacun de vous individuellement et ensuite à vos Sociétés.

M'adressant d'abord à chacun de vous séparément, je lui dirai : Êtes-vous un homme timoré, un trembleur comme il y en a tant parmi les propriétaires et sans doute parmi les gérants de propriétés? N'augmentez jamais les loyers de plus de 25 à 30 °/₀, vous serez tranquille, vous ne serez jamais poursuivi, ou, si vous êtes l'objet d'une plainte, la plainte ne sera pas suivie. Tant pis seulement pour vos clients dont vous aurez méconnu le plus souvent les intérêts et les droits légitimes.

Êtes-vous au contraire un architecte digne de ce nom, un mandataire consciencieux qui a le sentiment de ses devoirs et qui entend sauvegarder l'intérêt de ses clients de façon légitime et dans toute la mesure du possible, dans ce cas, faites, comme je vous l'ai indiqué, pour chacun des immeubles dont vous avez la gérance, le petit travail dont je vous ai entretenu. **Recherchez ce que valait cet immeuble en 1914 à la veille de la guerre, calculez son revenu net à 6 °/₀, toutes charges déduites, et haussez en conséquence les prix actuels pour arriver à ce revenu.** La hausse sera alors peut-être de 30, 40, 50 °/₀ ou plus, peu importe. On pourra vous inquiéter, vous êtes inattaquable; je défie un tribunal de vous condamner et je m'engage personnellement à vous défendre avec toute la conviction que donnent le bon droit et le sentiment de la justice, avec la conscience d'un homme de cœur qui n'admettra jamais que sous prétexte de ménager l'opinion publique et par basse flagornerie démagogique on soit soumis au régime de l'arbitraire et du bon plaisir.

Et maintenant, m'adressant à vos Sociétés, je leur dis : Votre rôle est tout tracé. Dans les circonstances où nous nous trouvons, vous ne pouvez rester inactives, vous devez agir et **votre rôle consiste** sur cette question capitale et d'intérêt général **à éclairer les pouvoirs publics** et **l'opinion publique**.

Vous devez éclairer d'abord les pouvoirs publics, *j'entends par là le ministre de la Justice et les magistrats chargés d'appliquer la loi.*

Le ministre de la Justice en premier lieu, car les magistrats ne sont que ses humbles servants et ne font rien que sur ses inspirations ou ses directions. Il faut donc commencer par le convaincre. Bien que difficile, la chose n'est pas impossible. Le ministre actuel est un de mes confrères, je le connais personnellement, j'affirme que c'est un bon esprit, un honnête homme et un homme de bonne foi. Il vous écoutera, j'en suis persuadé, et il y a toutes les chances qu'il vous suive, — à moins que la politique ne l'oblige à ne rien entendre, mais alors...

Quant aux *magistrats*, malgré certaines apparences un peu rudes, leur conquête est très possible. Ce sont eux aussi d'honnêtes gens et des gens de bonne foi. En dehors de leur trop obéissante soumission aux inspirations d'en haut, leur seul tort pour la plupart, qu'ils me le pardonnent, est d'être dans une ignorance complète de la propriété immobilière parisienne et des graves problèmes qu'elle soulève. Il faut donc les instruire, leur faire comprendre leurs erreurs involontaires, dissiper leurs préjugés s'ils en ont, en un mot les éclairer, ils ne demandent qu'à l'être.

Le meilleur moyen à cet effet est de préparer un mémoire qui n'aura pas besoin d'être long, mais qui devra être très bien fait, frappant, si je puis m'exprimer ainsi, exposant d'une part les idées générales que je viens de développer si vous les adoptez, précisant, d'autre part, avec toute l'autorité officielle dont vous êtes investis le montant détaillé et exact des charges de la propriété immobilière à Paris au 1er août 1914 et ce même montant au 1er janvier 1920, de même le taux normal du revenu immobilier aux deux époques. Je précise que pour que cette étude soit vraiment utile il ne faudra pas s'en tenir à des généralités, il faudra avoir soin de prendre par exemple les trois types principaux d'immeubles parisiens, l'immeuble avec tout le confort moderne, l'immeuble ancien avec tout ou partie de ce confort ou sans ce confort, l'immeuble ouvrier, car les charges varient essentiellement avec chacun de ces immeubles; toute autre manière de procéder me paraîtrait défectueuse.

Je suis convaincu qu'un travail de ce genre, sérieux, documenté, rendrait le plus grand service à vos adhérents comme à tous les propriétaires, on m'en a d'ailleurs donné l'assurance, et mettrait fin à un nombre considérable d'instructions en cours ou futures.

Mais, je vous en supplie, que vos Sociétés s'en occupent immédiatement et que le travail soit prêt d'ici quinze jours, trois semaines au plus tard. Il y a urgence, les tribunaux vont être bientôt saisis, il faut éviter la formation d'une jurisprudence défectueuse; il est toujours difficile de demander à des magistrats de se déjuger, vous le comprenez, il le serait encore plus dans les circonstances actuelles.

Si éclairer les pouvoirs publics et la magistrature doit être la première partie de votre tâche et la plus urgente, il en est une seconde non moins importante, c'est d'éclairer l'opinion publique.

C'est une constatation lamentable que j'ai souvent faite qu'en dehors du *Bulletin de la Chambre des Propriétaires*, qui n'est lu d'ailleurs que par les propriétaires, et par combien de propriétaires? il n'y a pas un journal lu par le grand public qui traite ces graves questions, si intéressantes pour tous de la propriété immobilière et défende comme il conviendrait le point de vue des propriétaires, alors qu'au contraire il y est souvent inscrit sans réponse des articles tout à fait hostiles à ces derniers.

Une telle lacune doit cesser, il faut qu'une campagne soit engagée, franche, loyale, exposant au public nettement la situation et pouvant se condenser en ces trois questions :

« Les loyers vont-ils augmenter? pourquoi doivent-ils augmenter? Dans quelle mesure doivent-ils augmenter? »

Le public parisien est l'intelligence et le bon sens personnifiés. Il comprendra parfaitement ce que vous lui expliquerez, si vous le lui expliquez avec clarté, il fera la grimace peut-être en face de la réalité inéluctable, mais il l'acceptera avec résignation s'il en comprend la nécessité et l'équité. « Mon bénéfice, mon salaire ont doublé, triplé depuis la guerre, se dira-t-il, le propriétaire paie tout double, triple comme moi, il faut qu'il vive, il est juste que ses loyers ne restent pas au même prix qu'autrefois. »

Préoccupez-vous donc, messieurs, dès maintenant de cette campagne: Cherchez des appuis dans la presse, faites-vous ouvrir les portes, préparez vos articles, je m'inscris pour les premiers. Cette campagne est, je vous l'affirme, de toute nécessité.

Messieurs, j'en ai fini, je ne veux pas retenir davantage votre attention. En vous adressant tous mes remerciements pour l'aimable accueil que vous m'avez réservé suivant votre habitude, je vous demande cependant la permission d'ajouter un dernier mot personnel.

Au sortir de la réunion d'avril 1918 où, sous vos auspices, j'exposais la loi du 9 mars 1918 et vous faisais entrevoir les cruels déboires qui attendaient les propriétaires et que vous reconnaîtrez tous aujourd'hui, je fus abordé par un de mes auditeurs qui me dit : « Vous nous avez fort intéressés, Me Bonpaix, mais vous êtes trop pessimiste, on sort de votre conférence absolument navré. »

. Le même auditeur me fera peut-être aujourd'hui le même reproche, je tiens à m'en défendre. Je ne suis pas un pessimiste, je suis au contraire un optimiste convaincu, mais j'ai l'habitude de ne point me payer de mots et d'illusions et d'envisager en face la réalité. Un grand danger menace propriétaires et architectes, j'ai cru indispensable de le signaler, mais je vous ai donné en même temps le moyen de le conjurer. Un danger nettement envisagé est un danger à demi écarté, et ce sera le cas aujourd'hui, si vous le voulez. J'ai fait mon devoir, à vous maintenant, Messieurs, de faire le vôtre.

ÉTAT COMPARATIF

DES CHARGES DES IMMEUBLES PARISIENS

(Janvier 1914-Janvier 1920.)

I. — IMMEUBLE NEUF AVEC CONFORT MODERNE

2 corps de bâtiment, l'un sur rue, l'autre sur cour.

2 boutiques louées 3.900 francs chacune. 7 appartements sur rue (prix moyen 6.000 francs). 7 appartements sur cour (prix moyen 3.000 francs).

Prix d'acquisition : 1 million.

Revenu brut en 1914 : 77.000 francs. Charges : 22.165 francs. Revenu net sans amortissement : 54.835 francs, ou 5 50 % du capital.

	1914	1920
	—	—
Impôts : Foncier	3.540 43	5.672 75
— Portes et fenêtres	889 55	945 49
Taxes municipales : Foncière	1.149 25	1.149 25
— Capital	900 »	900 »
— Ordures ménagères	490 32	490 32
— Balayage	91 08	91 08
— Tout-à-l'égout	500 05	500 05
Eau	1.076 »	1.076 »
Gaz	231 »	276 40
Électricité	723 »	873 »
Assurances : Incendie	186 85	311 60
— Eau	76 »	77 95
— Accidents	300 »	305 15
Concierge : Gages et étrennes	1.300 »	2.500 »
— Objets de nettoyage	200 »	600 »
Tapis : Amortissement 1/10	120 »	660 »
— Pose et dépose	170 »	595 25
Ascenseurs (2) : Entretien	500 »	676 »
— Consommation d'air comprimé	600 »	1.200 »
Téléphone de l'immeuble	500 »	1.000 »
Chauffage : Charbon 58 tonnes d'anthracite	3.306 »	18.850 »
— Amortissement de la chaudière 1/15	666 »	2.664 »
Travaux de réparation : Entretien courant	4.000 »	16.000 »
— Couverture 1/30	250 »	1.000 »
— Ravalement 1/10	400 »	1.600 »
	22.165 »	59.014 45
	28 % du revenu brut	**77 % du revenu brut**

Augmentation : 49 %

II. — IMMEUBLE ANCIEN AMÉNAGÉ AVEC CONFORT MODERNE

4 boutiques (prix moyen 5.000 francs). 12 appartements (prix moyen, 5.600 francs).

Prix d'acquisition : 1.200.000 francs.

Revenu brut en 1914 : 87.000 francs. Charges : 23.831 fr. 05. Revenu net, sans amortissement : 63.168 fr. 95, ou 5 25 °/₀ du capital.

	1914	1920
Impôts : Foncier.	4.473 87	7.241 44
— Portes et fenêtres . . .	1.079 50	1.183 92
Taxes municipales : Foncière. .	1.467 »	1.467 »
— Capital. . . .	1.100 »	1.100 »
— Ordures ménagères . .	620 23	620 23
— Balayage. . .	183 80	183 80
— Tout-à-l'égout	270 10	270 10
Eau	837 10	837 10
Gaz.	158 50	557 45
Électricité.	»	»
Assurances : Incendie	184 55	212 05
— Accidents	300 »	300 »
Concierge : Gages et étrennes .	1.300 »	2.500 »
— Objets de nettoyage.	200 »	600 »
Tapis : Amortissement 1/10 . .	120 »	660 »
— Pose et dépose	170 »	595 35
Ascenseurs (2) : Entretien . . .	500 »	676 »
— Consommation d'air comprimé	600 »	1.200 »
Téléphone de l'immeuble . . .	500 »	1.000 »
Chauffage : Charbon 38 tonnes d'anthracite. . .	2.166 40	12.350 »
— Amortissement de la chaudière 1/15.	400 »	1.600 »
Travaux de réparation : Entretien courant.	6.000 »	24.000 »
— Couverture 1/30.	500 »	2.000 »
— Ravalement 1/10.	400 »	1.600 »
	23.831 05	62.754 44
	27 1/2 °/₀ du revenu brut	72 °/₀ du revenu brut

Augmentation : 44 50 °/₀

III. — IMMEUBLE ANCIEN SANS CONFORT MODERNE

Un seul corps de bâtiment, sur rue.

2 boutiques louées chacune 2.500 francs. 2 appartements par étage loués 2.200 francs chacun.

Prix d'acquisition : 368.200 francs.

Revenu brut en 1914 : 27.000 francs. Charges : 6.859 fr. 33. Revenu net, sans amortissement : 20.141 francs, ou 5 45 °/₀ du capital.

	1914	1920
	—	—
Impôts : Foncier	1.418 63	2.273 11
— Portes et fenêtres. .	433 08	422 69
Taxes municipales : Foncière. .	460 50	460 50
— Capital. . . .	330 »	330 »
— Ordures ménagères . .	183 13	183 13
— Balayage. . .	109 49	109 49
— Tout-à-l'égout	150 »	150 »
Eau	500 »	500 »
Gaz.	190 »	270 »
Assurances : Incendie	80 »	110 »
— Accidents	34 50	34 50
Concierge : Gages et étrennes .	600 »	900 »
— Objets de nettoyage.	120 »	300 »
Tapis 1/15.	100 »	500 »
Travaux de réparation : Entretien courant.	1.700 »	6.800 »
— Couverture, 1/30.	200 »	800 »
— Ravalement, 1/10.	250 »	1.000 »
	6.859 33	15.143 42
	26 °/₀ du revenu brut	**56 °/₀ du revenu brut**

Augmentation : 30 °/₀

IV. — IMMEUBLE ANCIEN A PETITS LOYERS

3 boutiques de 2.000 francs chacune. 18 logements d'un prix moyen de 375 francs.

Prix d'acquisition : 134.150 francs.

Revenu brut en 1914 : 12.000 francs. Charges : 3.951 fr. 20. Revenu net, sans amortissement : 8.049 francs, ou 6 % du capital.

	1914	1920
Impôts : Foncier	555 30	889 75
— Portes et fenêtres	195 85	177 65
Taxes municipales : Foncière	180 25	180 25
— Capital	110 »	110 »
— Ordures ménagères	40 »	40 »
— Balayage	116 »	116 »
Vidange (3 par an)	253 35	648 »
Déclarations verbales	15 »	15 »
Eau	175 »	175 »
Gaz	125 »	187 »
Assurances : Incendie	60 95	69 50
— Accidents	34 50	34 75
Concierge : Gages et étrennes	500 »	500 »
— Objets de nettoyage	40 »	120 »
Travaux de réparation : Entretien courant	1.150 »	4.600 »
— Couverture 1/30	200 »	800 »
— Ravalement 1/10	200 »	800 »
	3.951 20	9.462 90
	33 % du revenu brut	89 % du revenu brut

Augmentation : 56 %

OBSERVATIONS

I. Les chiffres contenus aux tableaux ci-dessus ont été relevés sur les livres tenus par des propriétaires parisiens depuis vingt ans; ils s'appliquent à des propriétés déterminées, mais nous les avons choisis entre beaucoup d'autres comme les plus représentatifs de la moyenne des charges des immeubles parisiens de leur genre.

II. Par **immeuble ancien** nous entendons un immeuble ayant plus de trente ans.

III. Nos calculs de revenu net ont été faits sans tenir compte de l'**amortissement**, la plus grande incertitude existant encore sur le quantum annuel de cet amortissement; mais il n'est pas discuté que tout propriétaire sérieux doit ajouter chaque année à ses charges une somme de ... pour amortissement de son capital.

Le décret du 17 janvier 1917, portant règlement d'administration publique pour l'établissement de l'impôt global sur le revenu, l'indique expressément dans son article premier.

IV. **Impôts**. Sauf l'impôt foncier, les impôts qui frappent la propriété bâtie n'ont pas augmenté depuis 1914, mais le projet Klotz, repris par le ministre actuel des Finances, les majore de 50 p. 100.

V. **Taxes municipales**. Les taxes municipales doivent être augmentées au prochain budget dans les mêmes proportions; les taxes de balayage et d'enlèvement des ordures ménagères doivent être doublées.

VI. **Vidange**. En 1914 on payait pour vider une fosse de 34 mètres cubes 169 fr. 90; en 1919 on a payé pour le même travail 349 fr. 60. (Renseignements fournis par la maison Moritz.)

VII. **Eau**. Le prix doit en être doublé en 1920.

VIII. **Gaz et électricité**. Le prix de l'électricité sera doublé, les fournitures pour l'électricité, telles que les ampoules électriques, ont doublé ou triplé.

Le mètre cube de gaz, qui coûtait, en 1914, 20 centimes, a été porté à 40 centimes en 1918. Les journaux de ce mois annoncent l'élévation de son prix entre 65 et 90 centimes.

IX. **Assurances**. La valeur des immeubles, d'après les Compagnies, ayant au moins doublé, sous peine d'être considérés comme leurs propres assureurs, les propriétaires sont obligés de s'assurer pour un chiffre double au moins de celui de 1914.

X. **Concierge**. Les appointements d'un ménage avant-guerre étaient de 1.200 et 100 francs d'étrennes. Ces appointements ont doublé, et encore à condition que le mari soit autorisé à servir des dîners et à faire des ménages; si le mari doit se consacrer exclusivement à l'immeuble, le salaire annuel est de 3.000 francs.

Les objets de nettoyage ont subi une augmentation énorme variant entre 250 et 300 %.

XI. **Tapis**. Un tapis d'escalier en moquette, se composant de 86 mètres pour cinq étages (moyenne ordinaire), avec même quantité de thibaude, valait avant la guerre 850 francs environ. Actuellement, pour avoir un tapis d'une qualité équivalente, il faut compter 5.000 francs.

Le passage toile mêmes dimensions et mêmes qualités vaut 1.100 francs au lieu de 160.

Le prix des dépose, battage, garde et repose des tapis est passé de 35 francs à 140.

Un tapis ayant une durée moyenne de dix ans, nous avons fixé la dépense annuelle de ce chef à 1/10.

XII. **Ascenseurs**. La Compagnie des ascenseurs Roux-Combaluzier nous fournit les renseignements suivants :

« Entretien : Il faut compter que dans un immeuble de cinq étages à loyers, le prix d'entretien était en 1913 de 350 francs.

« En 1920 le prix doit être triplé; nous avons consenti un taux moins élevé, mais nous nous apercevons en ce moment que nous n'en sortons pas.

« Consommation : Dans un immeuble ayant un seul appartement par palier, la consommation d'un ascenseur électrique en électricité était en 1913 d'environ 15 francs par mois, plus les frais accessoires de branchement.

« En 1920 cette consommation n'a pas changé, les tarifs n'ayant pas été augmentés; il faut compter, d'après nos renseignements, que ces tarifs seront probablement doublés sous peu.

« Dans les mêmes conditions, la dépense d'un ascensur à air comprimé en 1913, mesurée avec un compteur de volume, était d'environ 30 francs par mois; cette dépense, actuellement, est de 60 francs, les tarifs ayant été doublés, et il faut prévoir qu'au mois d'avril 1920 les prix de l'air seront encore augmentés. »

XIII. **Téléphone**. Le prix d'abonnement, qui avait été doublé en 1918, doit être encore augmenté cette année et porté, d'après le projet gouvernemental, à 1.000 francs.

XIV. **Chauffage.** Chauffer un immeuble est actuellement une véritable ruine pour le propriétaire si les locataires à baux n'ont pas l'honnêteté de participer au supplément de charges qui résulte de l'élévation du prix du charbon depuis cinq ans.

En 1914, la tonne d'anthracite valait : prix d'été, 57 francs, prix d'hiver, 63 francs ; elle vaut à ce jour 325 francs, soit une augmentation de 550 p. 100 !

On remarquera que nous avons porté dans le chapitre chauffage 1/15 du prix de la chaudière. Une chaudière dure quinze ans, son amortissement doit être prévu chaque année pour 1/15. La chaudière de l'immeuble n° 1 avait coûté 10.000 francs.

XV. **Réparations.** Avec celle du chauffage, la plus lourde des charges de la propriété immobilière résultera désormais, sans contredit, des travaux de réparations.

Durant la guerre, les propriétaires, ne recevant pas leurs loyers n'ont fait que le strict nécessaire ; mais, avec la reprise de la vie normale et à moins de laisser dépérir leurs immeubles, force leur sera de les entretenir en bon état et pour cela de faire tous travaux utiles. Or le coût des travaux a augmenté de 300 à 600 p. 100, en moyenne de 400 p. 100, ainsi qu'il résulte du tableau suivant qui nous a été donné par les Chambres syndicales du Bâtiment :

	P. 100
Terrassements	313 à 447
Transports par tombereaux	436
Maçonnerie de brique ordinaire	365
Maçonnerie de brique creuse	404
Maçonnerie de meulière	329
Légers ouvrages en plâtre	350
Couverture et plomberie	375 à 400
Menuiserie	480
Parquetage	350
Serrurerie et quincaillerie	400 à 1.000
Peinture	300 à 380
Vitrerie	744
Fumisterie	400
Électricité, sonneries	300 à 500
Électricité, lumière	300 à 400

Et toute personne au courant de la construction ne craint pas d'affirmer qu'il y a toutes chances de voir s'aggraver la hausse en 1920.

Quelques exemples s'appliquant à des travaux courants feront mieux ressortir l'augmentation des prix :

	1914	1920
Une serrure ordinaire valait	4 50	25 »
Remise en état d'une cuisine ordinaire (plafond à la colle, peinture une couche).	104 »	342 30
Plafond à la colle	8 05	32 65
Changement de tenture d'une pièce (10 rouleaux papier moyen)	18	57 50
Remplacement d'un robinet de cuisine .	13	38
Réparation pour l'empêcher de fuir. . .	2 65	7 65
Remplacement d'un chauffe-bain. . . .	290	1.075
Ramonage d'un fourneau de cuisine . .	4 95	16 20
Remplacement d'un foyer de fourneau.	31 75	102 65

On peut se rendre compte par ces quelques exemples des charges écrasantes qui, jointes aux autres, grèvent ou vont grever la propriété immobilière. Il est évident, quelque regret qu'on en éprouve, que cet excédent de charges sera supporté nécessairement par les locataires, les frais généraux d'une marchandise, quels qu'ils soient, incombant aux consommateurs.

Par réparations d'entretien courant nous entendons toutes les réparations en dehors de la réfection entière de la couverture et du ravalement.

Les chiffres portés à nos tableaux ont été établis en prenant une moyenne de vingt années.

XVI. **Couverture.** Il est admis que la durée d'une couverture bien faite est d'environ trente ans, à condition d'être soigneusement entretenue. Nous avons fait rentrer ces frais d'entretien dans l'entretien courant, nous avons par contre divisé par 30 le coût de la réfection.

XVII. **Ravalement.** Le ravalement est obligatoire tous les dix ans, c'est pourquoi nous avons divisé son coût total par dixièmes.

Il est à remarquer que le prix d'un ravalement est beaucoup plus élevé pour les immeubles anciens dont les façades sont en plâtre que pour les immeubles neufs ou anciens dont les façades sont en pierre.

Paris. — L. MARETHEUX, imprimeur, 1, rue Cassette.

www.ingramcontent.com/pod-product-compliance
Ingram Content Group UK Ltd.
Pitfield, Milton Keynes, MK11 3LW, UK
UKHW020419220726
13923UKWH00005B/2052

9 782019 313005